학교 - colegio 2
여행 - viaje 5
운반 - transporte 8
도시 - ciudad 10
풍경 - paisaje 14
레스토랑 - restaurante 17
수퍼마켓 - supermercado 20
음료수 - bebidas 22
음식 - comida 23
농장 - granja 27
집 - casa 31
응접실 - living 33
부엌 - cocina 35
욕실 - baño 38
아이들 방 - cuarto de los chicos 42
의복 - ropa 44
사무실 - oficina 49
경제 - economía 51
직업 - ocupaciones 53
연장 - herramientas 56
악기 - instrumentos musicales 57
동물원 - zoológico 59
스포츠 - deportes 62
활동 - actividades 63
가족 - familia 67
몸통 - cuerpo 68
병원 - hospital 72
응급상황 - emergencia 76
지구 - Tierra 77
시계 - reloj 79
주간 - semana 80
년도 - año 81
형태 - formas 83
색 - colores 84
반대 - opuestos 85
숫자 - números 88
언어 - idiomas 90
누가 / 무엇이 / 어떻게 - quién / qué / cómo 91
어디에 - dónde 92

Impressum
Verlag: BABADADA GmbH, Nedderfeld 112 , 22529 Hamburg
Geschäftsführer / Verlagsleitung: Harald Hof
Druck: Books on Demand GmbH, In de Tarpen 42, 22848 Norderstedt

Imprint
Publisher: BABADADA GmbH, Nedderfeld 112 , 22529 Hamburg, Germany
Managing Director / Publishing direction: Harald Hof
Print: Books on Demand GmbH, In de Tarpen 42, 22848 Norderstedt

학교

colegio

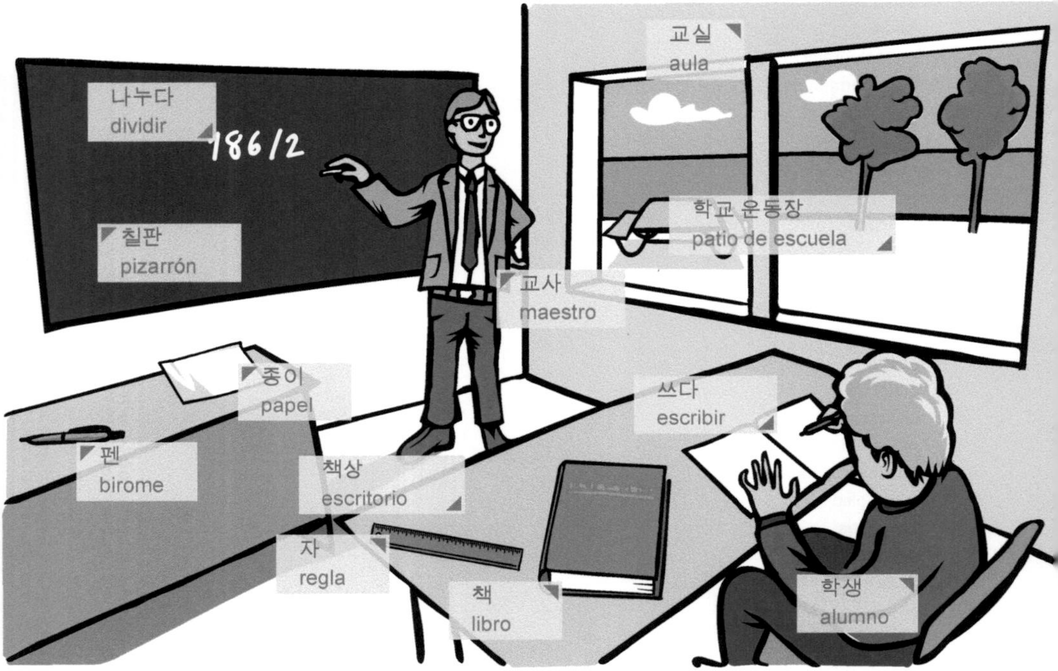
교실
aula
나누다
dividir
186/2
칠판
pizarrón
학교 운동장
patio de escuela
교사
maestro
종이
papel
쓰다
escribir
펜
birome
책상
escritorio
자
regla
책
libro
학생
alumno

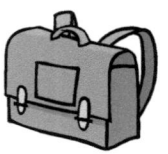

책가방

mochila

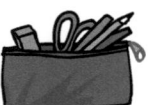

필통

caja de lápices

연필

lápiz

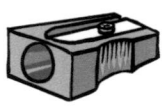

연필깎이

sacapuntas

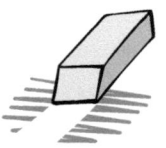

지우개

goma (de borrar)

스케치북

bloc de dibujo

그림
dibujo

붓
pincel

그림물감 통
caja de pinturas

가위
tijera

풀
pegamento

연습장
cuaderno de ejercicios

숙제
tarea

12

숫자
número

2+2

더하다
sumar

5-2

빼다
restar

2×2

곱하다
multiplicar

계산하다
calcular

A

글자
letra

ABCDEFG
HIJKLMN
OPQRSTU
VWXYZ

알파벳
abecedario

낱말
palabra

텍스트

texto

읽다

leer

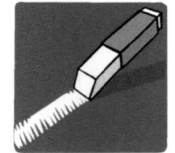

분필

tiza

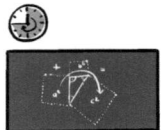

수업시간

lección

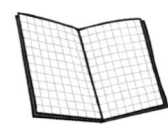

출석부

cuaderno de clase

시험

examen

증명서

certificado

교복

uniforme escolar

교육

educación

백과사전

enciclopedia

대학교

universidad

현미경

microscopio

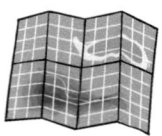

지도

mapa

휴지통

tacho (de basura)

여행

viaje

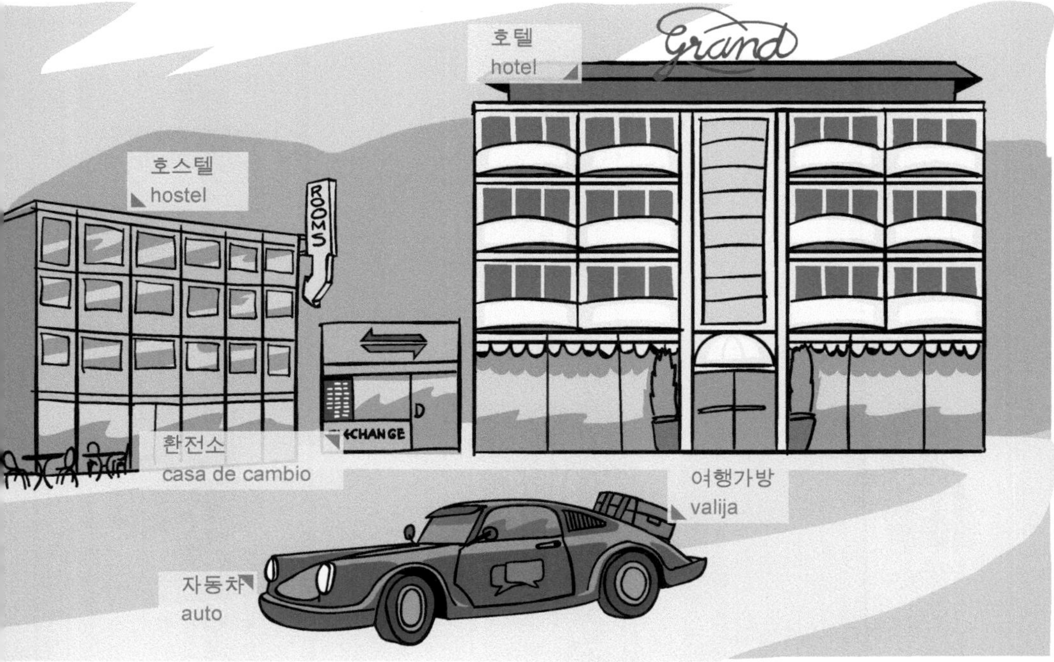
호텔
hotel
Grand
호스텔
hostel
ROOMS
EXCHANGE
환전소
casa de cambio
여행가방
valija
자동차
auto

언어

idioma

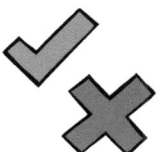

예 / 아니오

sí / no

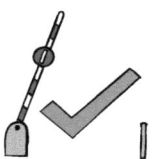

좋아

Está bien

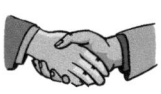

안녕

hola

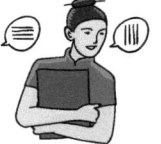

번역가

traductor

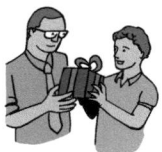

고마워, 고마워요

Gracias

... 얼마입니까?

¿cuánto cuesta...?

나는 이해하지 못합니다

No entiendo

문제

problema

안녕하세요!

¡Buenas tardes!

안녕하세요!

¡Buenos días!

잘자요!

¡Buenas noches!

또 만나요

adiós

방향

dirección

수하물

equipaje

가방

bolso

배낭

mochila

손님

invitado

방

habitación

침낭

bolsa de dormir

텐트

carpa

여행 안내

información turística

해변

playa

신용카드

tarjeta de crédito

아침식사

desayuno

점심식사

almuerzo

저녁식사

cena

승차권

pasaje

승강기

ascensor

우표

sello

경계

frontera

세관

aduana

대사관

embajada

비자

visa

여권

pasaporte

운반

transporte

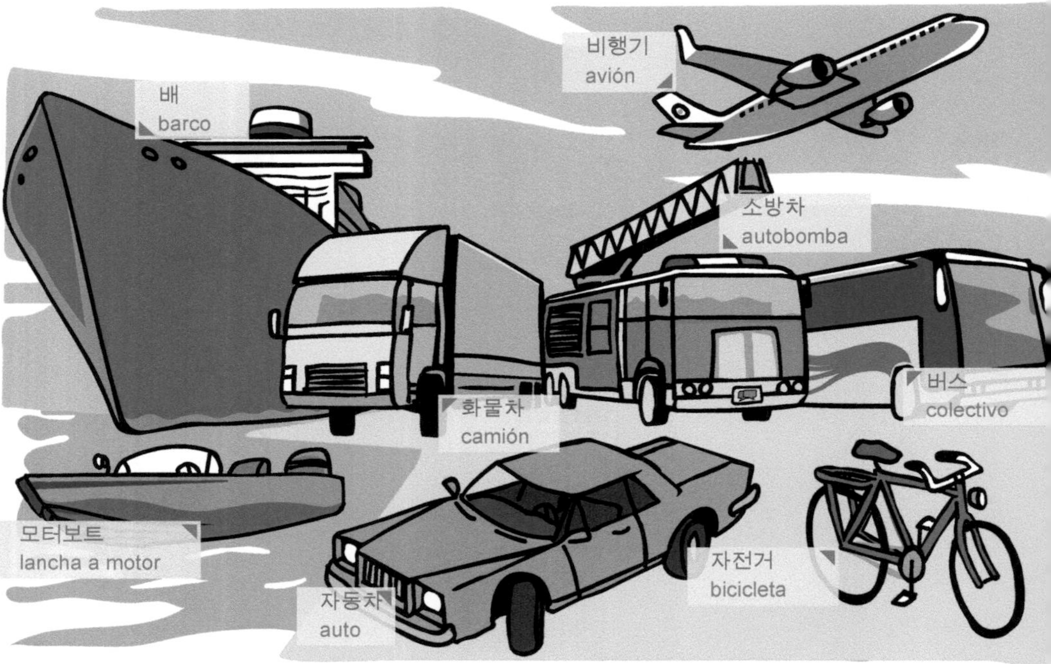

비행기
avión
배
barco
소방차
autobomba
버스
colectivo
화물차
camión
모터보트
lancha a motor
자전거
bicicleta
자동차
auto

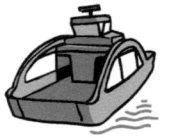

페리

ferry

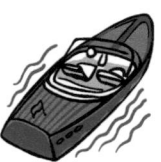

보트

bote

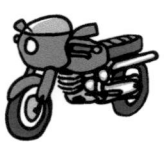

오토바이

moto

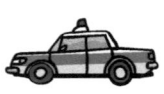

경찰차

patrullero

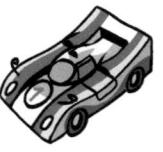

경주차

auto de carreras

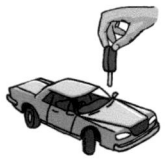

렌트카

auto de alquiler

카셰어링

alquiler de autos

견인차

grúa

쓰레기차

camión de basura

모터

motor

연료

nafta

주유소

estación de servicio

교통 표지

señal de tránsito

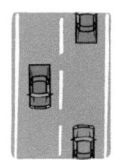

교통

tránsito

교통 정체

embotellamiento

주차장

estacionamiento

기차역

estación de tren

트랙터

vías

기차

tren

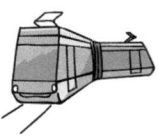

전차

tranvía

객차

vagón

헬리콥터

helicóptero

공항

aeropuerto

타워

torre

승객

pasajero

컨테이너

contenedor

상자

caja de cartón

카트

carretilla

바구니

canasta

출발하다 / 도착하다

despegar / aterrizar

도시

ciudad

마을

pueblo

도심

centro de ciudad

집

casa

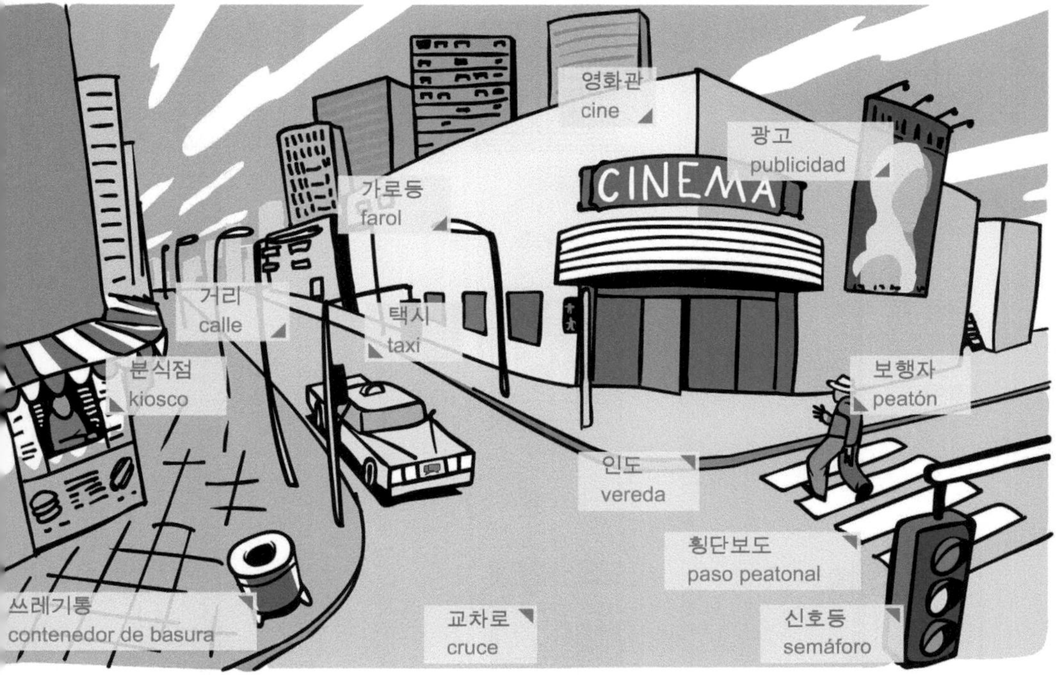

영화관
cine
광고
publicidad
CINEMA
가로등
farol
거리
calle
택시
taxi
분식점
kiosco
보행자
peatón
인도
vereda
횡단보도
paso peatonal
쓰레기통
contenedor de basura
교차로
cruce
신호등
semáforo

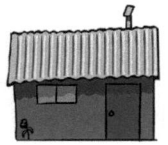

오두막

cabaña

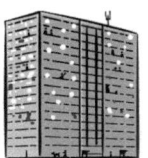

주택

departamento

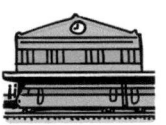

기차역

estación de tren

시청

municipalidad

MUSEUM

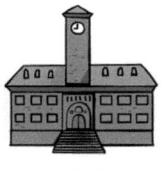

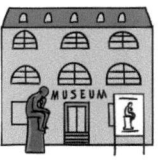

박물관

museo

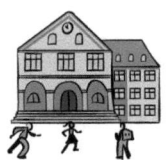

학교

colegio

대학교

universidad

은행

banco

병원

hospital

호텔

hotel

약국

farmacia

사무실

oficina

서점

librería

상점

negocio

꽃가게

florería

수퍼마켓

supermercado

시장

mercado

백화점

grandes tiendas

생선가게

pescadería

쇼핑 센터

centro comercial

항구

puerto

공원

parque

벤치

banco

다리

puente

계단

escaleras

지하철

subte

터널

túnel

버스 정류장

parada del colectivo

바

bar

레스토랑

restaurante

우체통

buzón

도로 표지판

letrero

주차료 징수기

parquímetro

동물원

zoológico

수영장

pileta

모스크 사원

mezquita

농장

granja

환경오염

contaminación

공동묘지

cementerio

교회

iglesia

놀이터

juegos infantiles

절

templo

풍경
paisaje

잎
hoja

이정표
poste indicador

길
camino

초원
pradera

돌
piedra

나무
árbol

도보여행자
excursionista

강
río

잔디
hierba

꽃
flor

계곡

valle

산

montaña

호수

lago

숲

bosque

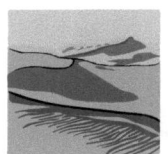

사막

desierto

화산

volcán

성

castillo

무지개

arco iris

버섯

champiñón

야자나무

palmera

모기

mosquito

파리

mosca

개미

hormiga

벌

abeja

거미

araña

딱정벌레

escarabajo

개구리

rana

다람쥐

ardilla

고슴도치

erizo

토끼

liebre

부엉이

lechuza

새

pájaro

백조

cisne

맷돼지

jabalí

사슴

ciervo

순록

alce

댐

presa

풍력 터빈

aerogenerador

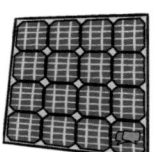

태양광 전지판

panel solar

기후

clima

레스토랑
restaurante

웨이터
mozo
메뉴
menú
의자
silla
수프
sopa
피자
pizza
테이블보
mantel
수저
cubiertos

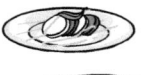

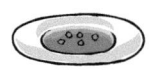

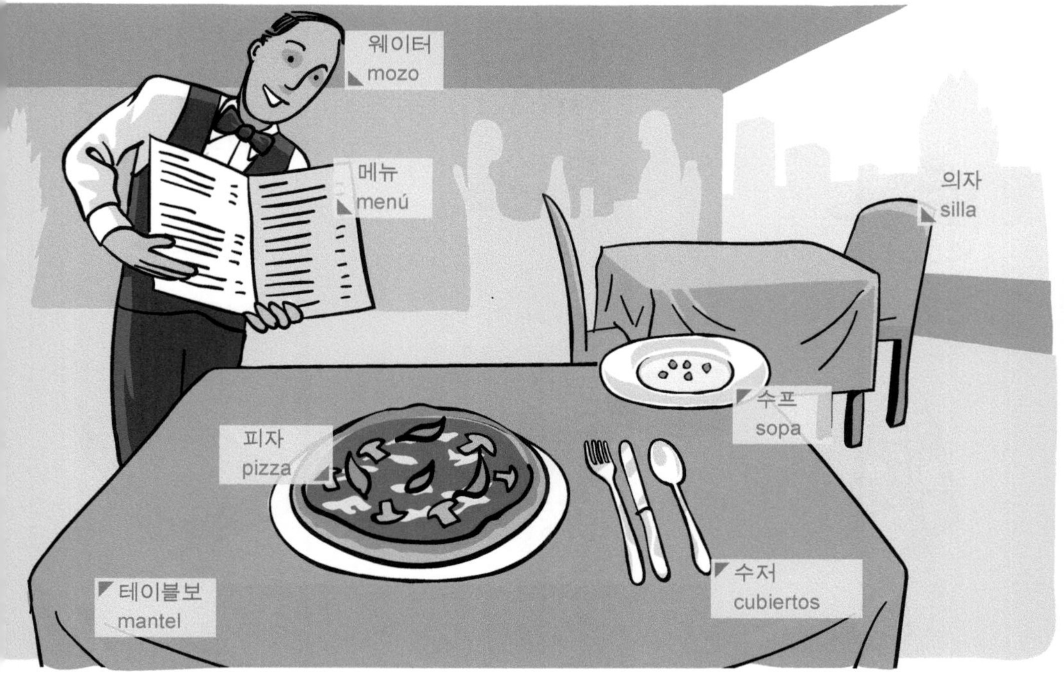

전채요리

entrada

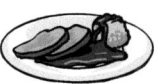

주요리

plato principal

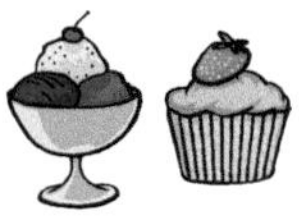

후식

postre

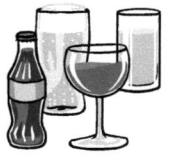

음료수

bebidas

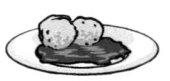

음식

comida

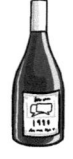

병

botella

인스턴트 식품

comida rápida

길거리음식

comida callejera

찻주전자

tetera

설탕통

azucarera

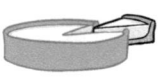

인분

porción

에스프레소 머신

cafetera expreso

높은 의자

sillita alta

계산서

cuenta

쟁반

bandeja

칼

cuchillo

포크

tenedor

숟가락

cuchara

찻숟가락

cucharita

냅킨

servilleta

유리잔

vaso

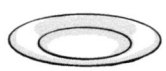

접시
plato

수프 그릇
plato hondo

컵 받침
plato

소스
salsa

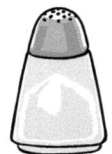

소금통
salero

후추통
molinillo de pimienta

식초
vinagre

기름
aceite

양념
especias

케첩
kétchup

겨자
mostaza

마요네즈
mayonesa

수퍼마켓
supermercado

특가 판매
oferta especial
FOR
고객
cliente
유제품
lácteos
과일
fruta
트롤리
changuito

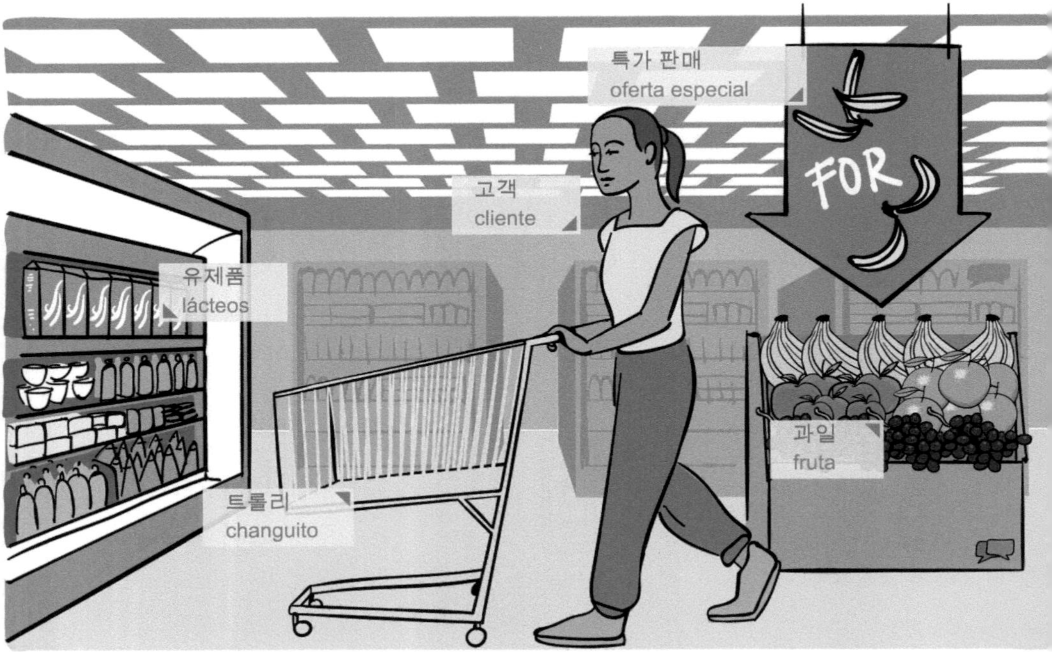

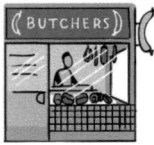

BUTCHERS

정육점

carnicería

BAKERY

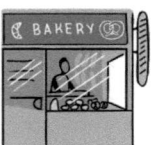

빵집

panadería

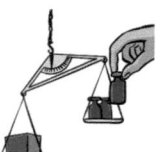

무게가 나가다

pesar

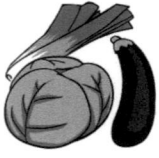

채소

verduras

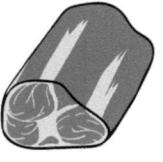

고기

carne

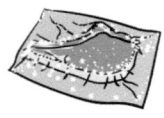

냉동식품

alimentos congelados

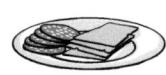

냉육

fiambres

통조림

alimentos enlatados

가루 세제

detergente en polvo

달콤한 간식

golosinas

가정용품

electrodomésticos

세척제

productos de limpieza

판매원

vendedora

계산대

caja

계산원

cajero

구매목록

lista de compras

문 여는 시간

horario de atención

지갑

billetera

신용카드

tarjeta de crédito

가방

cartera

비닐 봉투

bolsa de plástico

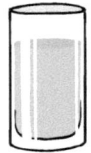

물

agua

주스

jugo

우유

leche

콜라

bebida cola

와인

vino

맥주

cerveza

술

alcohol

카카오

cacao

차고

té

커피

café

에스프레소

café expreso

카푸치노

cappuccino

바나나

banana

사과

manzana

오렌지

naranja

수박

melón

레몬

limón

당근

zanahoria

마늘

ajo

대나무

bambú

양파

cebolla

버섯

champiñón

견과류

nueces

국수

fideos

스파게티

tallarines

쌀

arroz

샐러드

ensalada

감자칩

papas fritas

감자튀김

papas fritas

피자

pizza

햄버거

hamburguesa

샌드위치

sándwich

커틀렛

churrasco

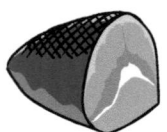

햄

jamón

살라미

salame

소시지

salchicha

닭

pollo

구이

asado

생선

pescado

음식 - comida

오트밀

copos de avena

뮤슬리

muesli

콘플레이크

copos de maíz

밀가루

harina

크루아상

medialuna

롤빵

pancito

빵

pan

토스트

tostada

비스킷

galletitas

버터

manteca

웅유

cuajada

케이크

torta

달걀

huevo

계란 후라이

huevo frito

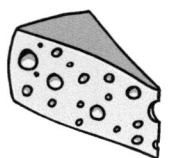

치즈

queso

아이스크림

helado

설탕

azúcar

꿀

miel

잼

mermelada

누가 크림

pasta de chocolate

카레

curry

농장
granja

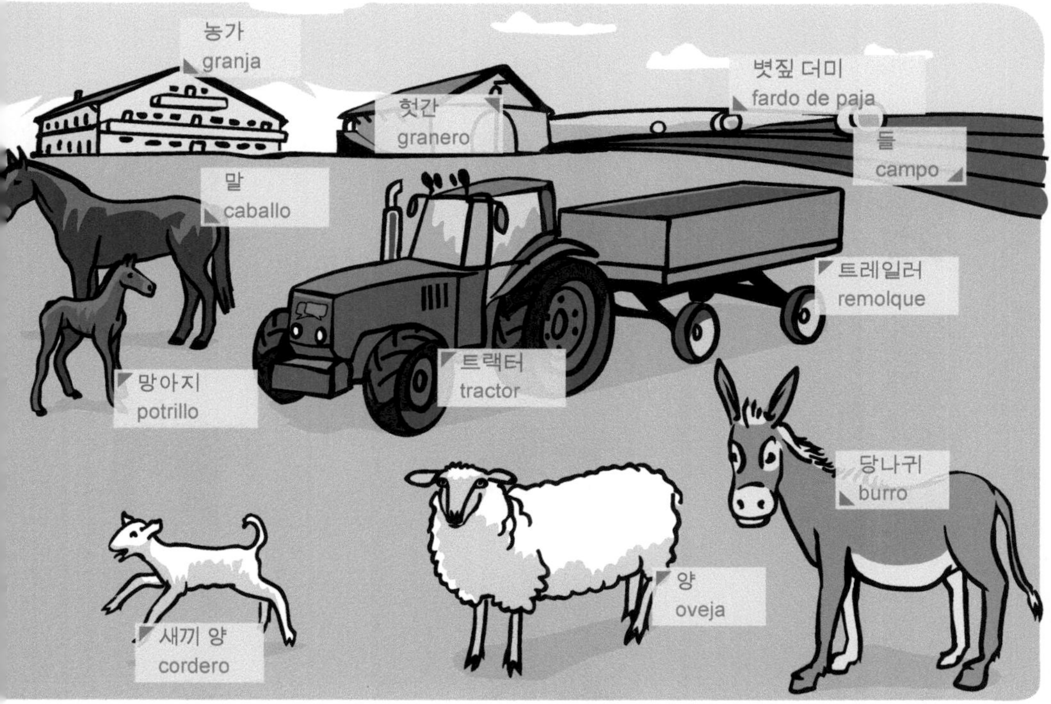
농가
granja
벗짚 더미
fardo de paja
헛간
granero
들
campo
말
caballo
트레일러
remolque
트랙터
tractor
망아지
potrillo
당나귀
burro
양
oveja
새끼 양
cordero

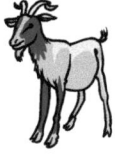

염소

cabra

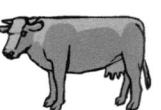

암소

vaca

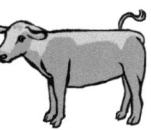

송아지

ternero

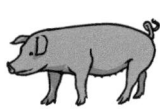

돼지

cerdo

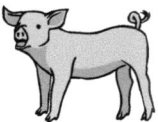

새끼 돼지

lechón

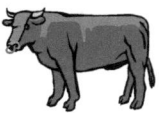

황소

toro

거위

ganso

오리

pato

병아리

pollo

암탉

gallina

수탉

gallo

쥐

rata

고양이

gato

생쥐

ratón

황소

buey

개

perro

개집

cucha

정원용 호스

manguera

물뿌리개

regadera

큰 낫

guadaña

쟁기

arado

낫

hoz

괭이

azada

쇠스랑

horquilla

도끼

hacha

외바퀴 손수레

carretilla

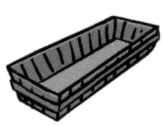

여물통

abrevadero

우유 캔

lechera

부대

bolsa

울타리

reja

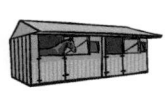

축사

establo

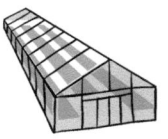

비닐하우스

invernadero

땅

suelo

씨앗

semilla

거름

fertilizador

콤바인

cosechadora

수확하다
cosechar

수확
cosecha

참마
batatas

밀
trigo

콩
soja

감자
papa

옥수수
maíz

유채씨
semilla de colza

과일나무
árbol frutal

카사바
mandioca

곡식
cereales

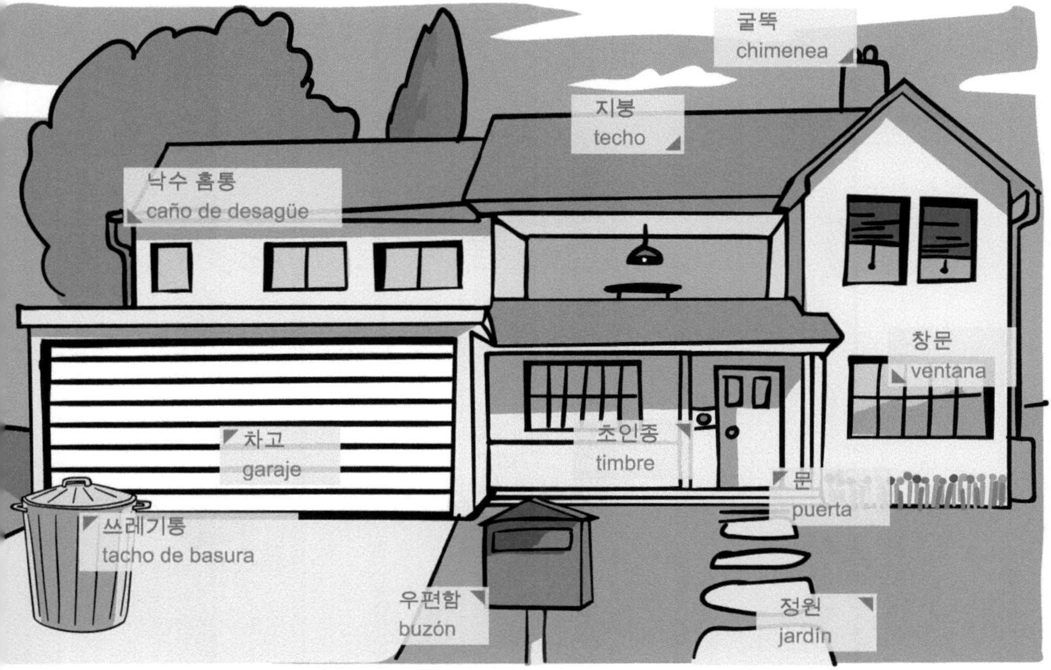

굴뚝
chimenea

지붕
techo

낙수 홈통
caño de desagüe

창문
ventana

차고
garaje

초인종
timbre

문
puerta

쓰레기통
tacho de basura

우편함
buzón

정원
jardín

응접실

living

욕실

baño

부엌

cocina

침실

dormitorio

아이들 방

cuarto de los chicos

식사실

comedor

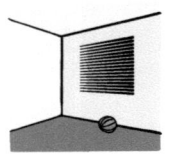

바닥
piso

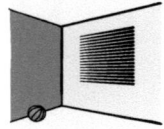

벽
pared

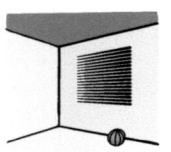

천장
cielorraso

지하실
sótano

사우나
sauna

발코니
balcón

테라스
terraza

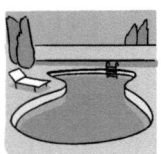

수영장
pileta

잔디 깎는 기계
cortadora de pasto

침대 시트
sábana

이불
acolchado

침대
cama

빗자루
escoba

양동이
balde

스위치
interruptor

응접실
living

벽지
empapelado
그림
imagen
전등
lámpara
선반
estante
캐비닛
armario
텔레비전
televisión
벽난로
chimenea
꽃
flor
쿠션
almohadón
소파
sofá
꽃병
florero
리모컨
control remoto

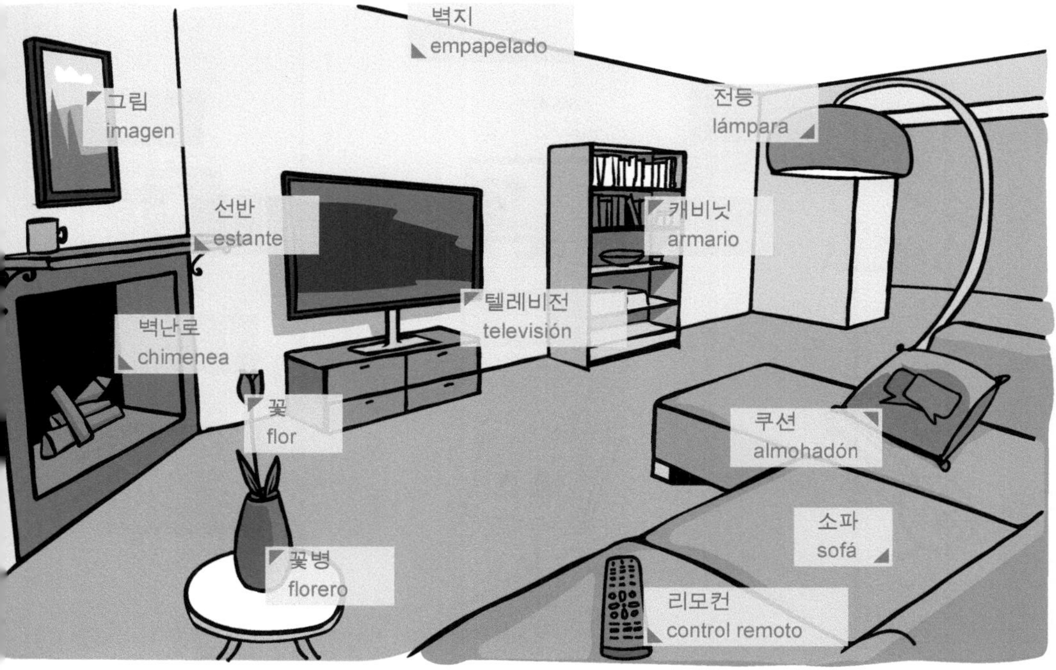

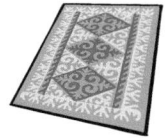

카페트

alfombra

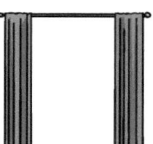

커튼

cortina

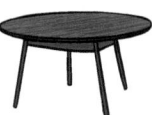

탁자

mesa

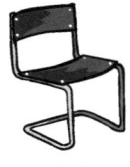

의자

silla

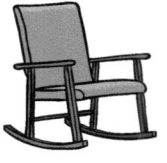

흔들의자

mecedora

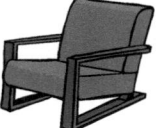

안락의자

sillón

책

libro

담요

frazada

장식

decoración

뗄감나무

leña

영화

película

하이파이 기기

equipo de música

열쇠

llave

신문

diario

회화

pintura

포스터

póster

라디오

radio

노트

cuaderno

진공청소기

aspiradora

선인장

cactus

초

vela

부엌
cocina

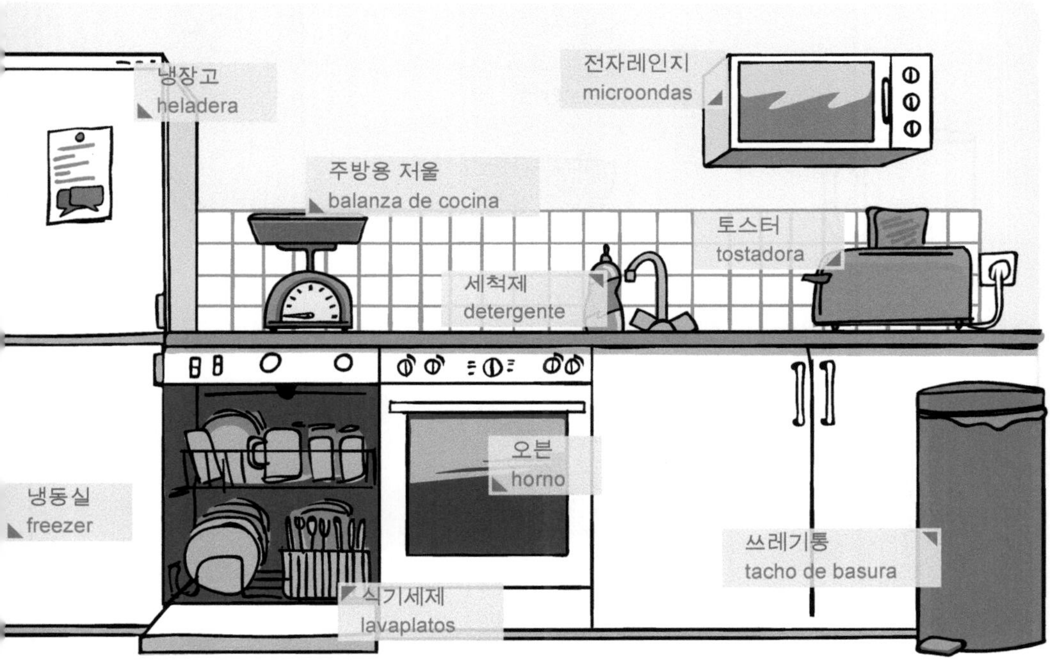

냉장고
heladera
전자레인지
microondas
주방용 저울
balanza de cocina
토스터
tostadora
세척제
detergente
오븐
horno
냉동실
freezer
쓰레기통
tacho de basura
식기세제
lavaplatos

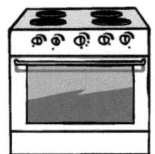

쿠커

cocina

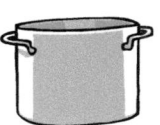

냄비

olla

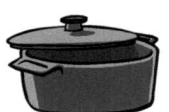

주철 냄비

olla de hierro fundido

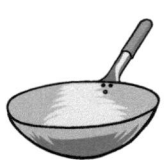

웍 / 카다이 냄비

wok

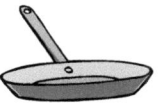

프라이팬

sartén

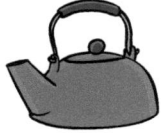

주전자

pava

찜기

vaporera

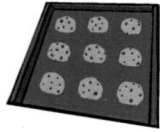

오븐 구이용 쟁반

bandeja de horno

그릇

vajilla

머그

taza

양푼이

bol

젓가락

palitos

국자

cucharón

주걱

estpátula

거품기

batidora

여과기

colador

체

colador

강판

rallador

절구

mortero

바베큐

parrilla

화덕

fogata

도마

tabla de picar

밀방망이

palo de amasar

코르크 병따개

sacacorchos

캔

lata

캔 따개

abrelatas

냄비 받침

manopla

개수대

pileta

솔

cepillo

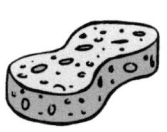

수세미

esponja

블렌더

batidora

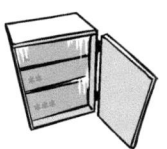

냉동고

congelador

젖병

mamadera

수도꼭지

canilla

욕실

baño

히터
calefacción
수건
toalla
샤워
ducha
샤워 커튼
cortina de ducha
거품 비누
baño de espuma
욕조
bañadera
유리잔
vaso
세탁기
lavarropas
수도꼭지
canilla
타일
baldosas
변기
pelela
개수대
pileta

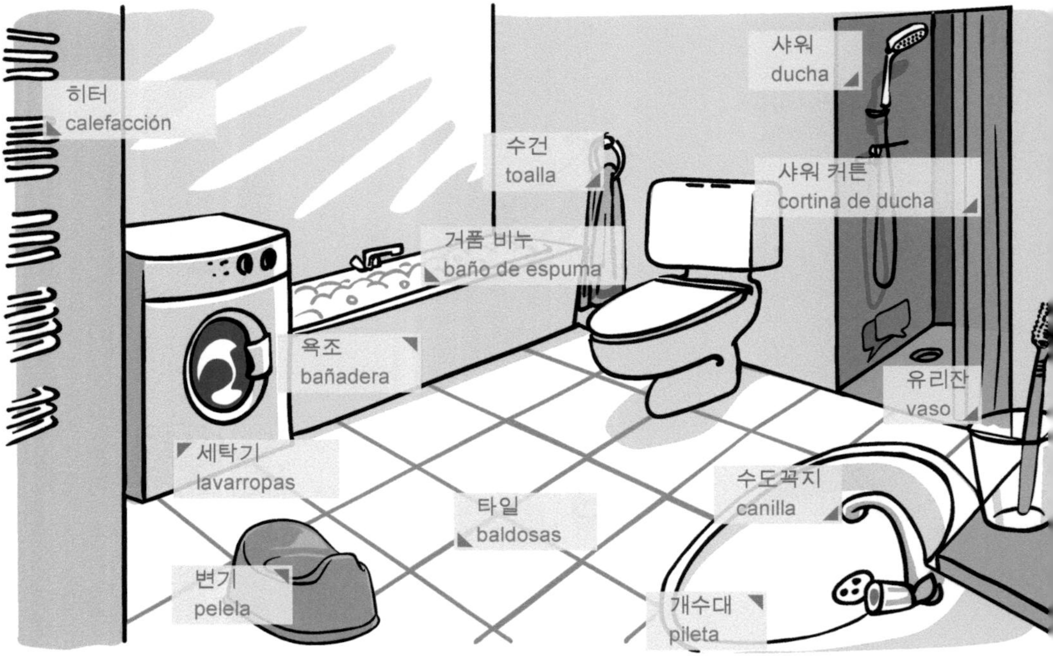

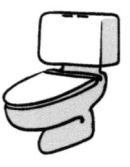

화장실

inodoro

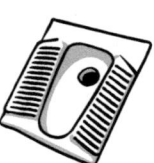

재래식 화장실

letrina

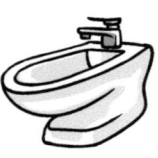

비데

bidé

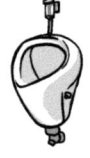

공중 변소

mingitorio

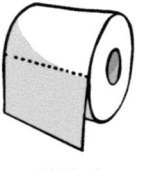

화장지

papel higiénico

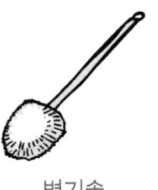

변기솔

cepillo para el inodoro

치솔

cepillo de dientes

치약

dentífrico

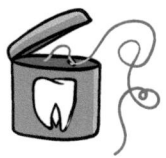

치실

hilo dental

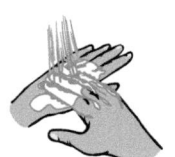

씻다

lavar

샤워기

ducha de mano

질 세척제

ducha higiénica

대야

palangana

등밀이솔

cepillo para espalda

비누

jabón

샤워 젤

gel de ducha

샴푸

shampoo

물걸레

toallita

배수관

desagüe

크림

crema

체취 제거제

desodorante

거울

espejo

휴대용 거울

espejito

면도기

maquinita de afeitar

면도 거품

espuma de afeitar

에프터쉐이브

aftershave

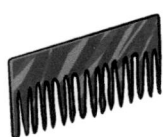

빗

peine

솔

cepillo

헤어드라이기

secador de pelo

헤어스프레이

spray

메이크업

maquillaje

립스틱

lápiz de labios

손톱깎이

esmalte para uñas

면 솜

algodón

손톱

tijera para uñas

향수

perfume

세면도구 주머니

portacosméticos

스툴

banqueta

저울

balanza

목욕 가운

bata

고무 장갑

guantes de goma

탐폰

tampón

생리대

toallita femenina

화학 화장실

baño químico

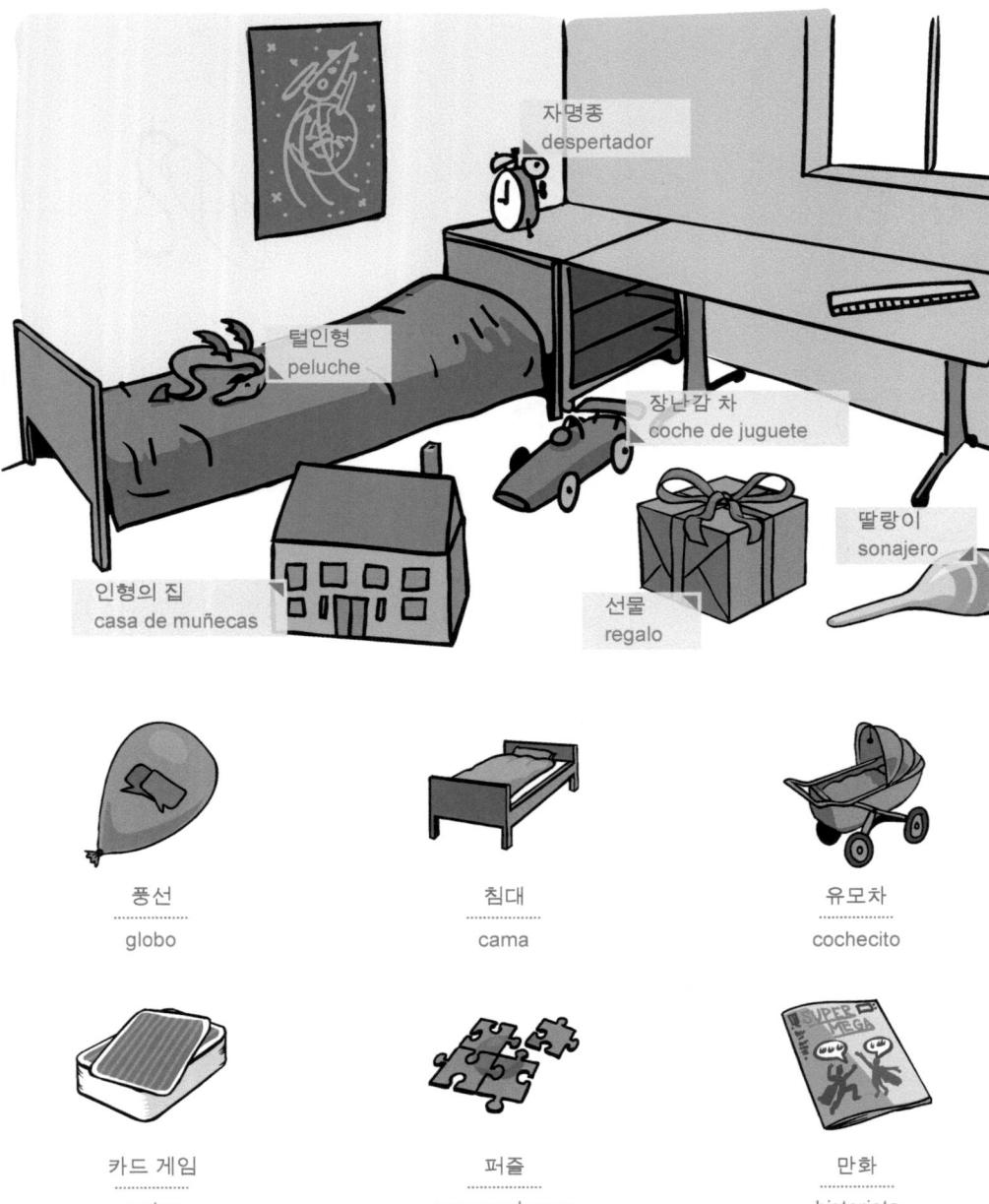

자명종
despertador

털인형
peluche

장난감 차
coche de juguete

딸랑이
sonajero

인형의 집
casa de muñecas

선물
regalo

풍선
globo

침대
cama

유모차
cochecito

카드 게임
cartas

퍼즐
rompecabezas

만화
historieta

레고

piezas de lego

장난감 블럭

ladrillos de juguete

액션 캐릭터

figura de acción

베이비 그로

enterito (de bebé)

프리스비

frisbee

모빌

móvil para bebés

보드 게임

juego de mesa

주사위

dados

기차 모형 세트

tren eléctrico

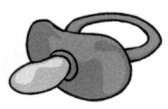

노리개 젖꼭지

chupete

파티

fiesta

그림책

libro de cuentos ilustrado

공

pelota

인형

muñeca

놀다

jugar

모래상자

arenero

그네

hamaca

장난감

juguetes

비디오 게임 콘솔

consola de videojuegos

세바퀴자전거

triciclo

곰인형

osito de peluche

옷장

armario

의복

ropa

양말

medias

스타킹

medias panty

스타킹

calzas

스카프
bufanda

우산
paraguas

티셔츠
remera

허리띠
cinturón

부츠
botas

슬리퍼
pantuflas

운동화
zapatillas

샌들
sandalias

신발
zapatos

고무 장화
botas de goma

팬티
ropa interior

브래지어
corpiño

러닝 셔츠
chaleco

바디

body

바지

pantalones

청바지

jeans

치마

pollera

블라우스

blusa

셔츠

camisa

풀오버

pulóver

후드티

buzo

블레이저

blazer

자켓

campera

외투

tapado

비옷

piloto

의상

traje

원피스

vestido

웨딩 드레스

vestido de novia

양복

traje

나이트가운

camisón

잠옷

pijama

사리

sari

두건

pañuelo para cabeza

터번

turbante

부르카

burka

카프탄

caftán

아바야

abaya

수영복

traje de baño

수영바지

short de baño

반바지

shorts

트레이닝복

jogging

앞치마

delantal

장갑

guantes

단추

botón

안경

anteojos

팔찌

pulsera

목걸이

collar

반지

anillo

귀걸이

aro

캡 모자

gorra

옷걸이

percha

모자

sombrero

넥타이

corbata

지퍼

cierre

헬멧

casco

멜빵

tiradores

교복

uniforme escolar

유니폼

uniforme

턱받이

babero

노리개 젖꼭지

chupete

기저귀

pañal

사무실
oficina

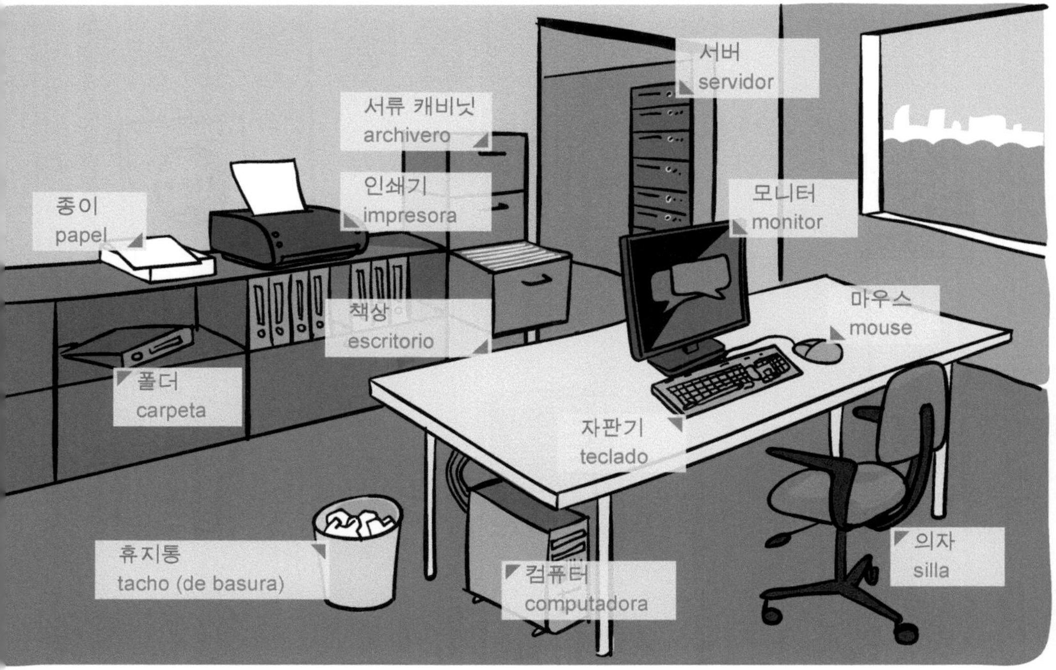

서버
servidor

서류 캐비닛
archivero

인쇄기
impresora

종이
papel

모니터
monitor

책상
escritorio

마우스
mouse

폴더
carpeta

자판기
teclado

휴지통
tacho (de basura)

의자
silla

컴퓨터
computadora

커피잔

taza de café

계산기

calculadora

인터넷

internet

노트북

laptop

편지

carta

메시지

mensaje

휴대전화

celular

네트워크

red

복사기

fotocopiadora

소프트웨어

software

전화

teléfono

플러그 소켓

tomacorriente

팩시밀리

fax

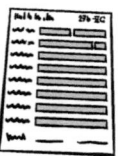

서식

formulario

서류

documento

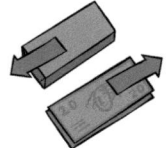

사다

comprar

지불하다

pagar

거래하다

hacer negocios

돈

dinero

달러

dólar

유로

euro

엔

yen

루벨

rublo

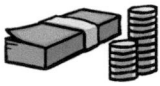

스위스 프랑

franco suizo

위안

yuan

루피

rupia

현금인출기

cajero automático

환전소

casa de cambio

금

oro

은

plata

석유

petróleo

에너지

energía

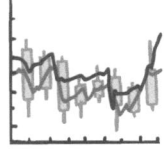

가격

precio

계약

contrato

세금

impuesto

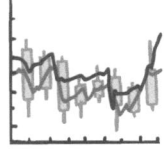

주식

acción

일하다

trabajar

근로자

empleado

고용주

empleador

공장

fábrica

상점

negocio

직업
ocupaciones

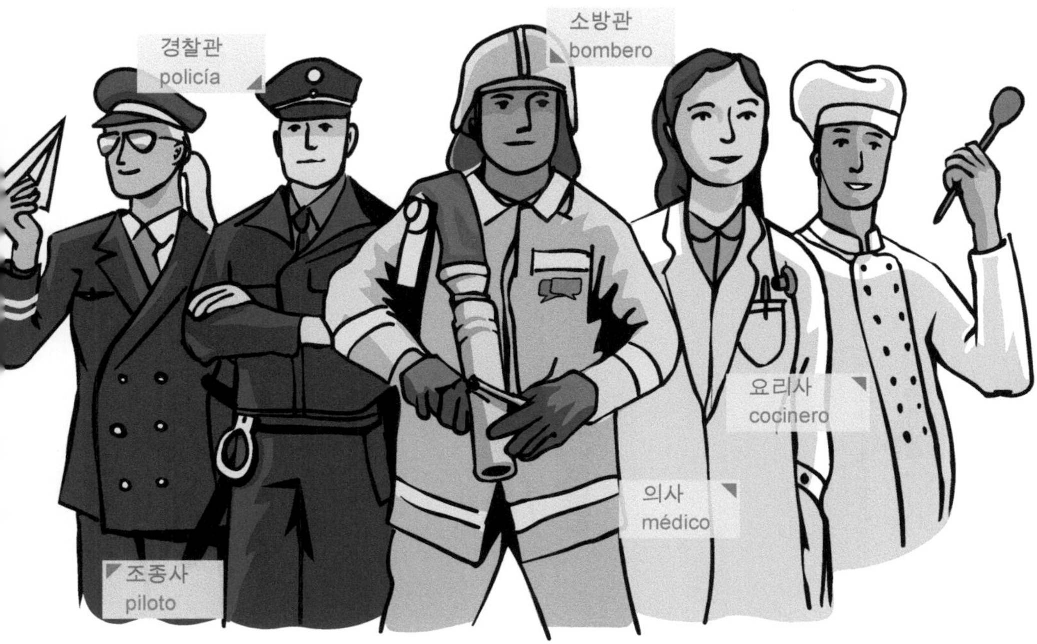
경찰관
policía
소방관
bombero
요리사
cocinero
의사
médico
조종사
piloto

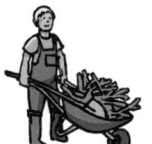

정원사

jardinero

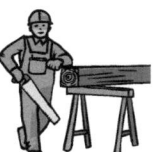

목수

carpintero

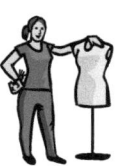

수선공

modista

판사

juez

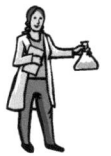

화학자

farmacéutico

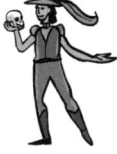

배우

actor

버스운전사

colectivero

택시 운전사

taxista

어부

pescador

청소부

mucama

지붕 수리자

techista

웨이터

mozo

사냥꾼

cazador

화가

pintor

제빵사

panadero

전기업자

electricista

건축업자

albañil

엔지니어

ingeniero

정육점업자

carnicero

배관업자

plomero

우편물 배달부

cartero

군인

soldado

건축가

arquitecto

계산원

cajero

플로리스트

florista

미용사

peluquero

검표원

cobrador

정비사

mecánico

선장

capitán

치과의사

dentista

학자

científico

유대교 라비

rabino

이맘

imán

수도승

monje

사제

sacerdote

연장

herramientas

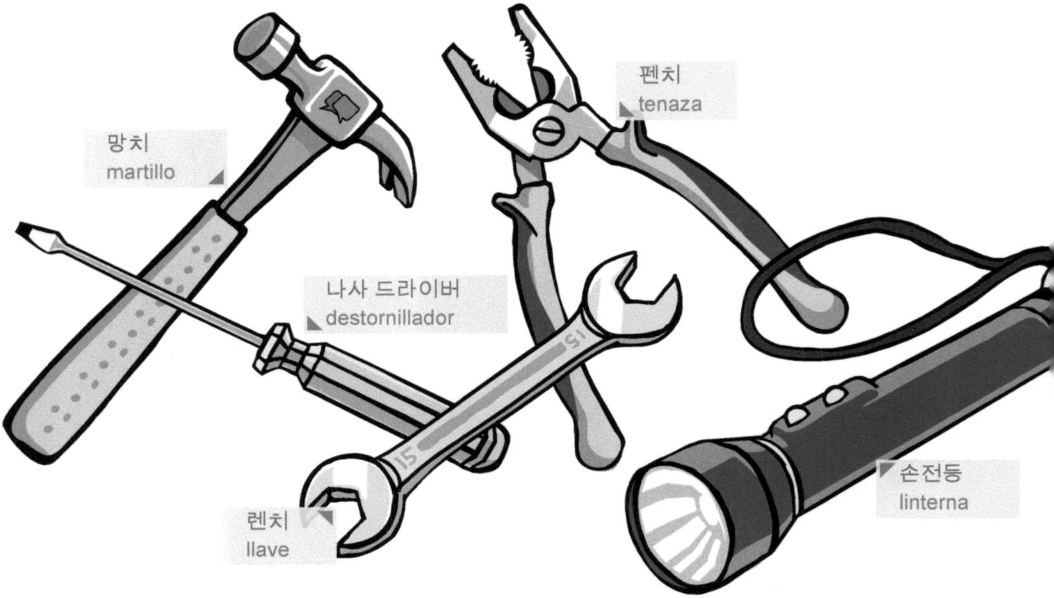

망치
martillo
펜치
tenaza
나사 드라이버
destornillador
렌치
llave
손전등
linterna

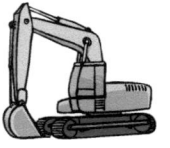

굴삭기

excavadora

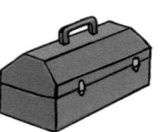

연장통

caja de herramientas

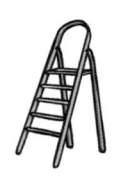

사다리

escalera portátil

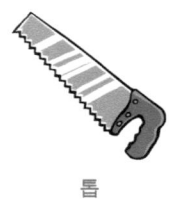

톱

sierra

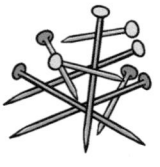

못

clavos

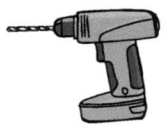

드릴

taladro

수리하다

arreglar

삽

pala de jardín

젠장!

¡Qué bronca!

쓰레받기

pala de plástico

페인트통

tacho de pintura

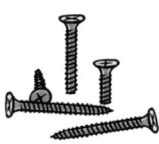

나사

tornillos

악기

instrumentos musicales

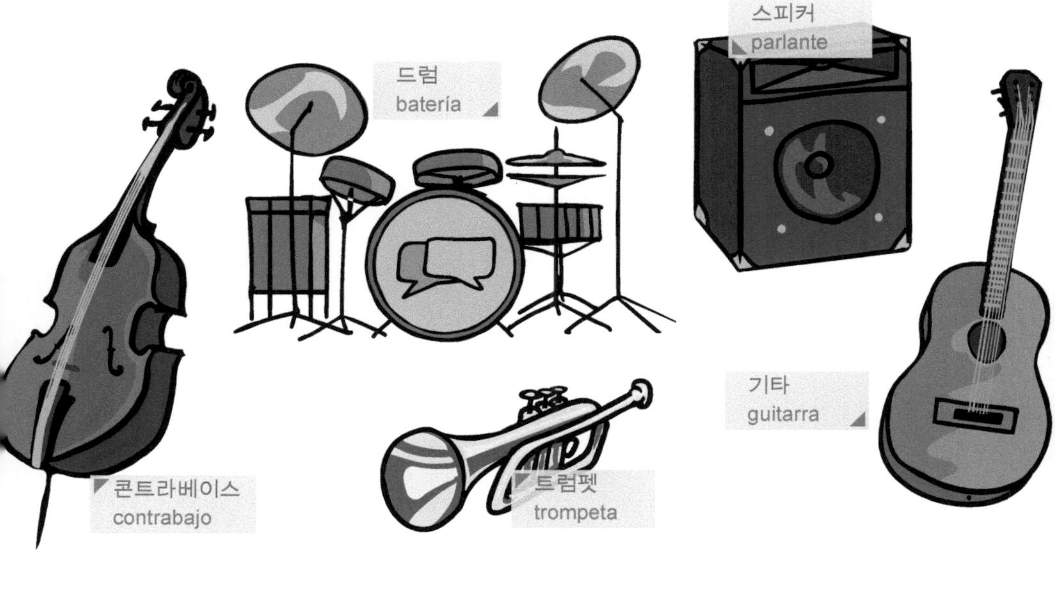

드럼
batería

스피커
parlante

기타
guitarra

콘트라베이스
contrabajo

트럼펫
trompeta

피아노

piano

바이올린

violín

베이스

bajo

팀파니

timbales

북

tambor

키보드

teclado

색소폰

saxofón

플루트

flauta

마이크

micrófono

동물원
zoológico

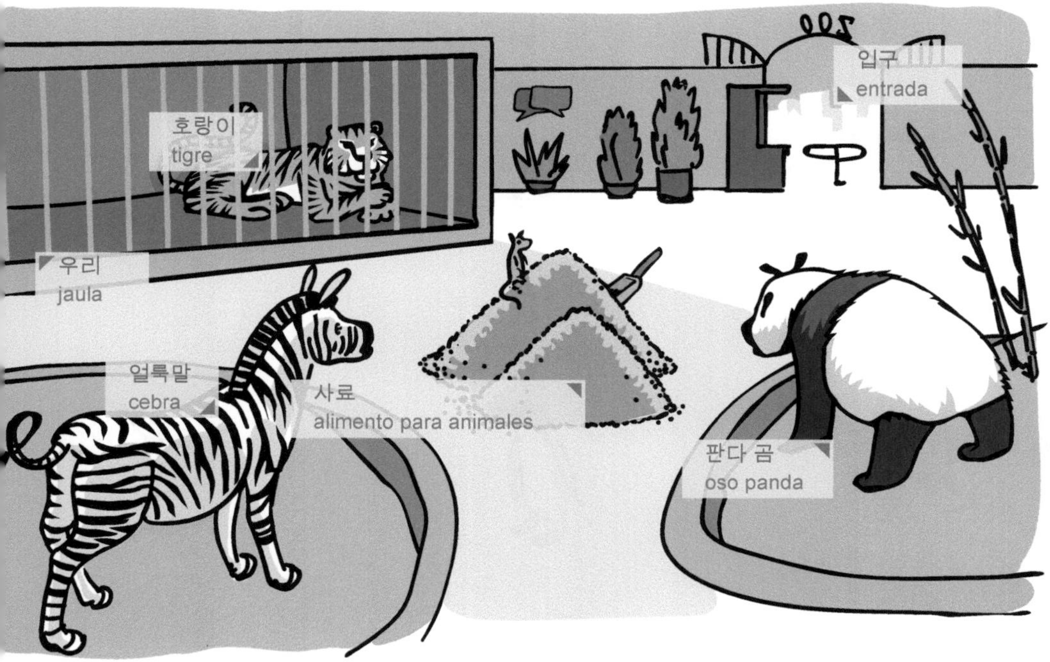

입구
entrada
호랑이
tigre
우리
jaula
얼룩말
cebra
사료
alimento para animales
판다 곰
oso panda

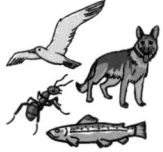

동물

animales

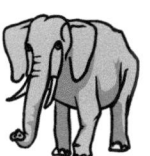

코끼리

elefante

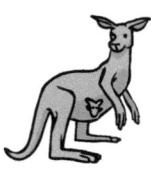

캥거루

canguro

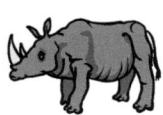

코뿔소

rinoceronte

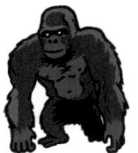

고릴라

gorila

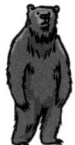

곰

oso

낙타

camello

타조

avestruz

사자

león

원숭이

mono

홍학

flamenco

앵무새

loro

북극곰

oso polar

펭귄

pingüino

상어

tiburón

공작

pavo real

뱀

serpiente

악어

cocodrilo

동물원 사육사

cuidador del zoológico

물개

foca

재규어

jaguar

조랑말
poni

표범
leopardo

하마
hipopótamo

기린
jirafa

독수리
águila

맷돼지
jabalí

생선
pescado

거북이
tortuga

바다코끼리
morsa

여우
zorro

영양
gacela

deportes

미식축구
fútbol americano

자전거 경기
ciclismo

테니스
tenis

농구
básquet

수영
natación

권투
boxeo

아이스하키
hockey sobre hielo

축구
fútbol

배드민턴
bádminton

육상 경기
atletismo

핸드볼
handball

스키
esquí

폴로
polo

활동
actividades

웃다
reír
뛰어오르다
saltar
포옹하다
abrazar
걷다
caminar
노래하다
cantar
꿈꾸다
soñar
기도하다
rezar
입맞추다
besar

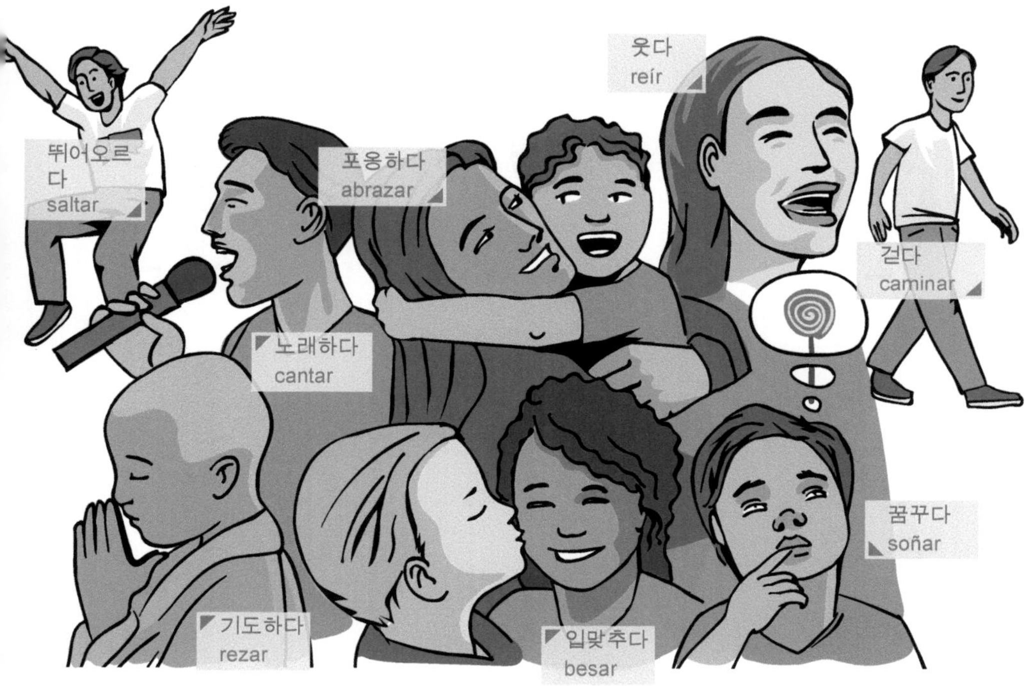

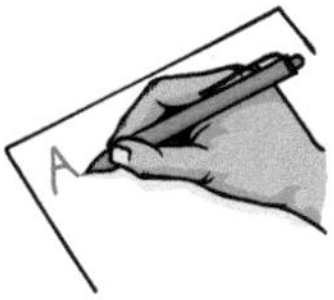

쓰다

escribir

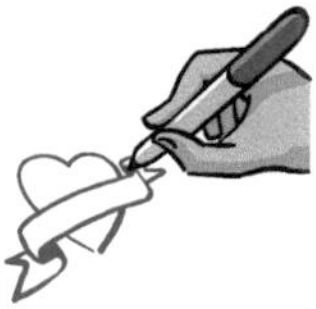

그리다

dibujar

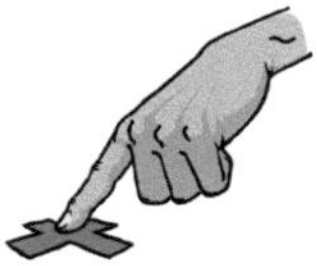

보여주다

mostrar

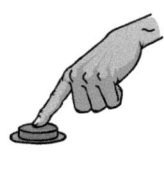

밀다

presionar

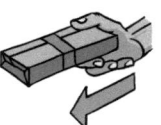

주다

dar

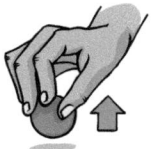

받다

tomar

가지다

tener

행하다

hacer

...이다

ser

서있다

estar parado

뛰다

correr

당기다

tirar

던지다

tirar

떨어지다

caer

누워있다

estar acostado

기다리다

esperar

운반하다

llevar

앉다

estar sentado

옷을 입다

vestirse

자다

dormir

깨다

despertar

보다

mirar

울다

llorar

쓰다듬다

acariciar

빗다

peinar

말하다

hablar

이해하다

entender

묻다

preguntar

듣다

escuchar

마시다

beber

먹다

comer

정리하다

ordenar

사랑하다

amar

요리하다

cocinar

주행하다

manejar

날다

volar

해항하다

navegar

계산하다

calcular

읽다

leer

배우다

aprender

일하다

trabajar

결혼하다

casarse

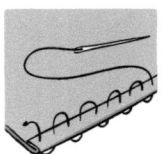

바느질하다

coser

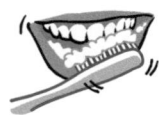

이를 닦다

cepillarse los dientes

죽이다

matar

담배 피우다

fumar

보내다

enviar

할머니
abuela

할아버지
abuelo

아버지
padre

어머니
madre

아기
bebé

딸
hija

아들
hijo

손님

invitado

이모 / 고모

tía

삼촌

tío

형제

hermano

자매

hermana

몸통

cuerpo

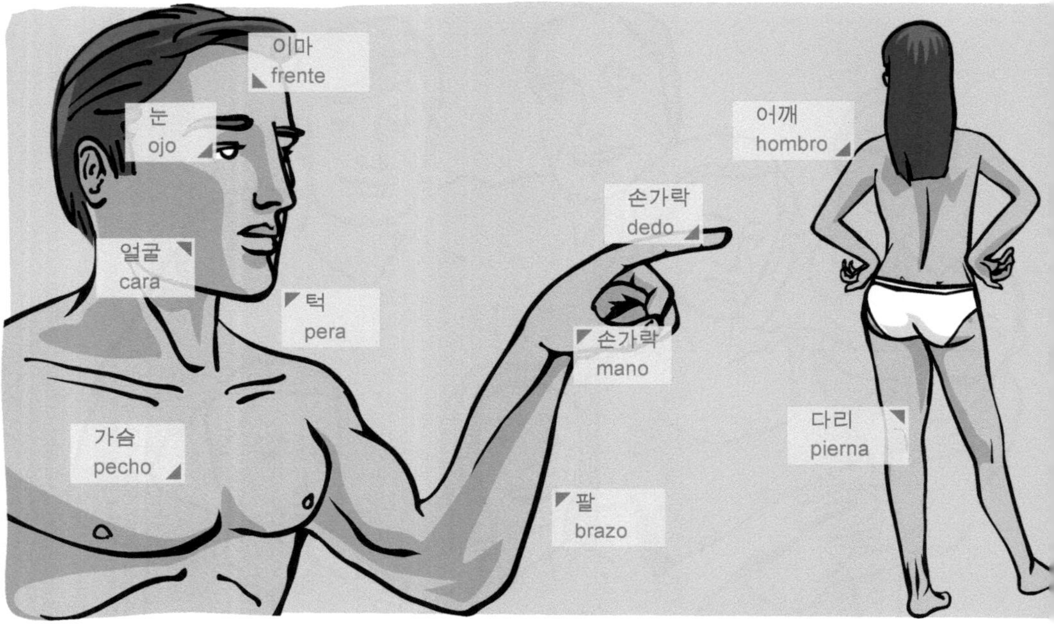

이마
▶ frente

눈
ojo ◢

얼굴 ▶
cara

턱
pera

가슴
pecho ◢

어깨
hombro ◢

손가락
dedo

손가락
mano

다리
pierna

▶ 팔
brazo

아기
....
bebé

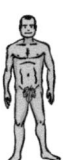

남자
....
hombre

여자
....
mujer

소녀
....
nena

소년
....
nene

머리카락
....
cabeza

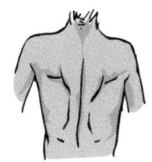

등

espalda

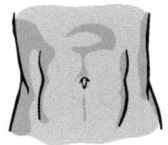

배

panza

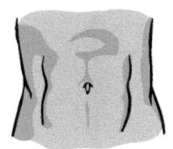

배꼽

ombligo

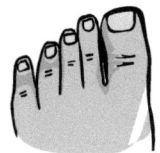

발가락

dedo del pie

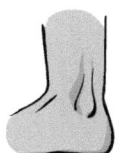

발꿈치

talón

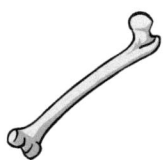

뼈

hueso

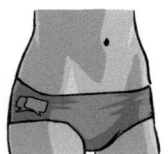

엉덩이

cadera

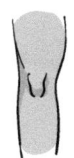

무릎

rodilla

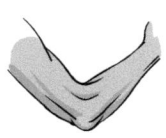

팔꿈치

codo

코

nariz

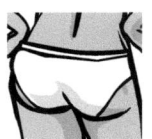

둔부

cola

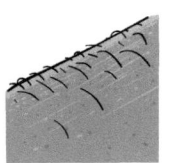

피부

piel

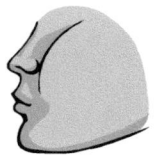

뺨

cachete

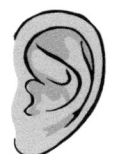

귀

oreja

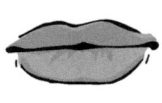

입술

labio

몸통 - cuerpo

입
boca

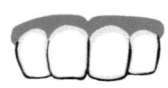

치아
diente

혀
lengua

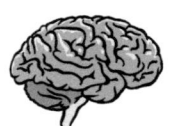

뇌
cerebro

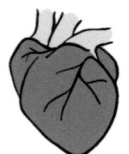

심장
corazón

근육
músculo

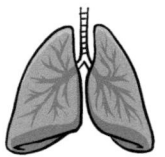

허파
pulmón

간
hígado

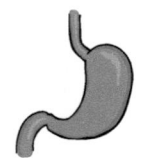

위
estómago

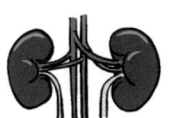

신장
riñones

성교
sexo

콘돔
preservativo

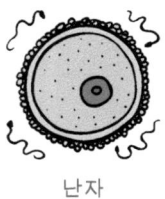

난자
óvulo

정자
semen

임신
embarazo

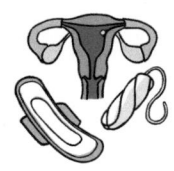

월경

menstruación

질

vagina

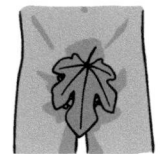

음경

pene

눈썹

ceja

머리카락

pelo

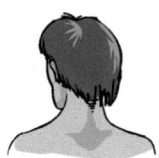

목

cuello

병원

hospital

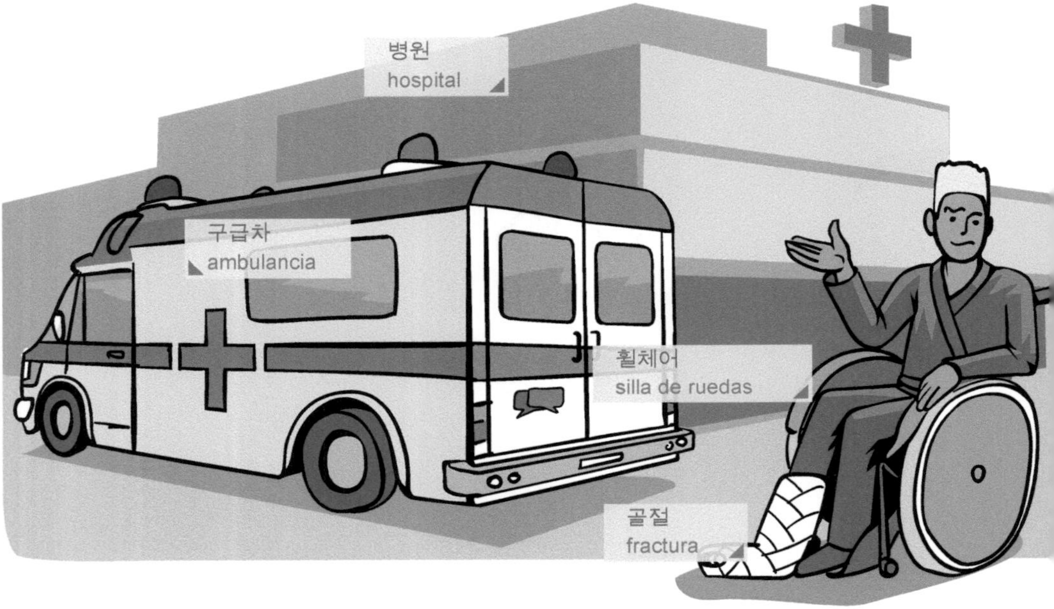

병원
hospital
구급차
ambulancia
휠체어
silla de ruedas
골절
fractura

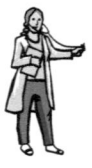

의사

médico

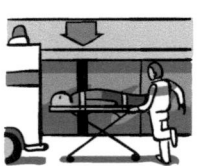

응급실

sala de guardia

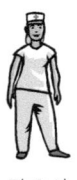

간호사

enfermera

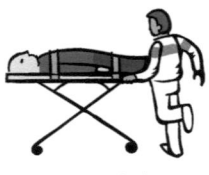

응급상황

emergencia

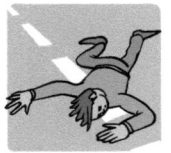

혼수상태

inconsciente

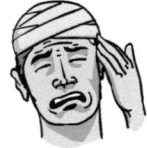

통증

dolor

부상

lesión

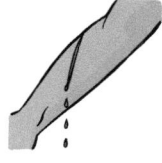

출혈

hemorragia

심장마비

infarto

뇌졸중

ACV

알러지

alergia

기침

tos

열

fiebre

독감

gripe

설사

diarrea

두통

dolor de cabeza

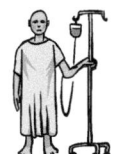

암

cáncer

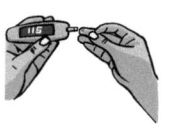

당뇨병

diabetes

외과의

cirujano

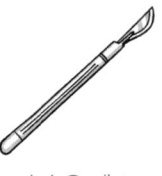

수술용 메스

bisturí

수술

operación

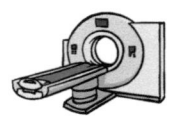

CT
TC

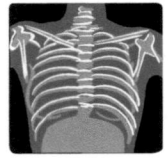

엑스레이
rayos x

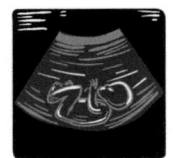

초음파
ecografía

마스크
barbijo

질병
enfermedad

대기실
sala de espera

목발
muleta

반창고
curita

붕대
venda

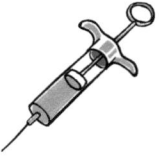

주사
inyección

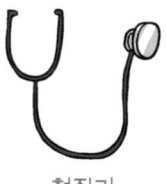

청진기
estetoscopio

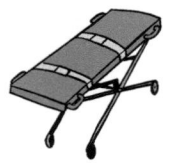

들것
camilla

체온계
termómetro

출생
nacimiento

과체중
sobrepeso

병원 - hospital

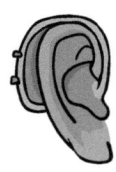

보청기

audífono

소독약

desinfectante

감염

infección

바이러스

virus

HIV / AIDS

VIH / SIDA

의학

remedio

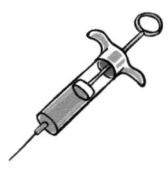

예방접종

vacunación

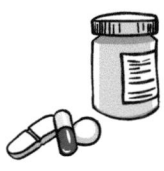

알약

comprimidos

알약

pastilla anticonceptiva

구급 전화

llamada de emergencia

혈압측정기

tensiómetro

병든 / 건강한

enfermo / sano

도와주세요!

¡Ayuda!

경보음

alarma

폭행

agresión

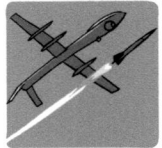

공격

ataque

위험

peligro

비상구

salida de emergencia

불이야!

¡Fuego!

소화기

matafuego

사고

accidente

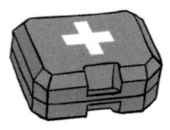

구급 상자

botiquín de primeros
auxilios

SOS

SOS

경찰

policía

유럽

Europa

북미

América del Norte

남미

América del Sur

아프리카

África

아시아

Asia

호주

Australia

북극

Atlántico

태평양

Pacífico

인도양

Océano Índico

남극해

Océano Antártico

북극해

Océano Ártico

북극해

polo norte

남극해

polo sur

남극

Antártida

지구

Tierra

육지

tierra

바다

mar

섬

isla

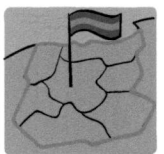

국가

nación

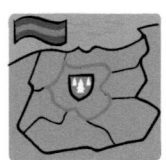

주

estado

시계 문자판

esfera

시침

manecilla de las horas

분침

minutero

초침

segundero

몇 시입니까?

¿Qué hora es?

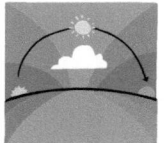

일

día

시간

hora

지금

ahora

디지털 시계

reloj digital

분

minuto

시간

hora

월요일
lunes
MO

수요일
miércoles
W

금요일
viernes
FR

TU

TH

토요일
sábado

SA

화요일
martes

SO

목요일
jueves

일요일
domingo

어제
ayer

오늘
hoy

내일
mañana

아침
mañana

정오
mediodía

저녁
tarde

근로일
días hábiles

주말
fin de semana

년도

año

무지개
arco iris
비
lluvia
눈
nieve
바람
viento
봄
primavera
가을
otoño
여름
verano
겨울
invierno

4.APRIL 11°
5.APRIL 4°
6.APRIL 13°
7.APRIL 8°
8.APRIL 10°

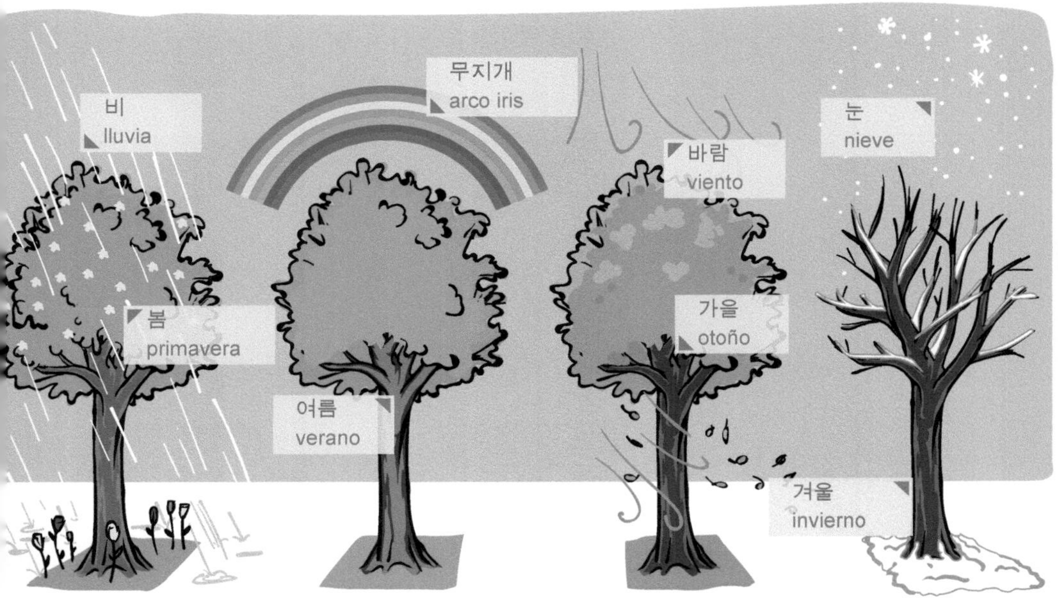

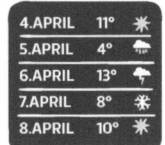

날씨 예보

pronóstico meteorológico

F C
120 40
90 30
60 20
30 10
0 0
-30 -10
-20

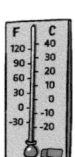

온도계

termómetro

햇빛

luz del sol

구름

nube

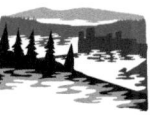

안개

niebla

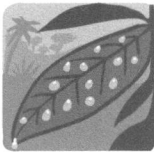

습도

humedad

번개

rayo

천둥

trueno

폭풍

tormenta

우박

granizo

장마

monzón

홍수

inundación

얼음

hielo

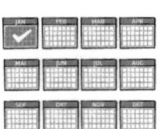

1월

enero

2월

febrero

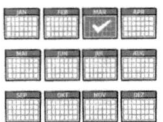

3월

marzo

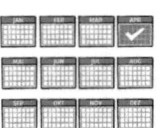

4월

abril

5월

mayo

6월

junio

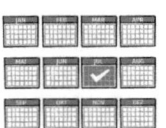

7월

julio

8월

agosto

년도 - año

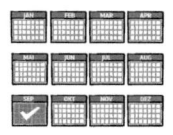

9월
....
septiembre

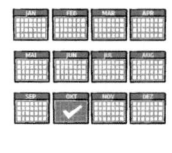

10월
....
octubre

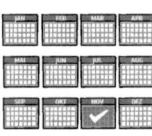

11월
....
noviembre

12월
....
diciembre

형태
formas

원
....
círculo

정사각형
....
cuadrado

직사각형
....
rectángulo

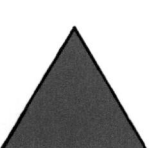

삼각형
....
triángulo

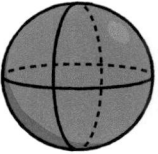

구
....
esfera

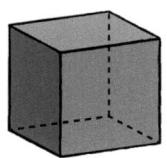

정사면체
....
cubo

하양

blanco

노랑

amarillo

주황

naranja

분홍

rosa

빨강

rojo

보라

violeta

파랑

azul

초록

verde

갈색

marrón

회색

gris

검정

negro

많은 / 적은

mucho / poco

화난 / 차분한

enojado / tranquilo

아름다운 / 추한

lindo / feo

시작 / 끝

principio / fin

큰 / 작은

grande / chico

밝은 / 어두운

claro / oscuro

형제 / 자매

hermano / hermana

깨끗한 / 더러운

limpio / sucio

완전한 / 불완전한

completo / incompleto

낮 / 밤

día / noche

죽은 / 산

muerto / vivo

넓은 / 좁은

ancho / angosto

삭용의 / 비식용의

comestible / no comestible

불친절한 / 친절한

malo / amable

흥분된 / 지루한

entusiasmado / aburrido

뚱뚱한 / 마른

gordo / flaco

처음으로 / 마지막으로

primero / último

친구 / 적

amigo / enemigo

꽉 찬 / 텅 빈

lleno / vacío

딱딱한 / 부드러운

duro / blando

무거운 / 가벼운

pesado / liviano

배고픔 / 목마름

hambre / sed

병든 / 건강한

enfermo / sano

불법 / 합법

ilegal / legal

영리한 / 어리석은

inteligente / estúpido

왼 / 오른

izquierda / derecha

가까운 / 먼

cerca / lejos

새 / 헌

nuevo / usado

무 / 유

nada / algo

늙은 / 젊은

viejo / joven

온 / 오프

encendido / apagado

열린 / 닫힌

abierto / cerrado

조용한 / 시끄러운

silencioso / ruidoso

부유한 / 가난한

rico / pobre

옳은 / 틀린

correcto / incorrecto

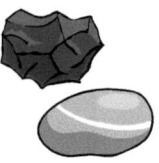

거친 / 매끄러운

áspero / suave

슬픈 / 기쁜

triste / contento

짧은 / 긴

corto / largo

느린 / 빠른

lento / rápido

젖은 / 마른

mojado / seco

따뜻한 / 시원한

caliente / frío

전쟁 / 평화

guerra / paz

0

영

cero

1

하나

uno

2

둘

dos

3

셋

tres

4

넷

cuatro

5

다섯

cinco

6

여섯

seis

7

일곱

siete

8

여덟

ocho

9

아홉

nueve

10

열

diez

11

열하나

once

12
열둘
doce

13
열셋
trece

14
열넷
catorce

15
열다섯
quince

16
열여섯
dieciséis

17
열일곱
diecisiete

18
열여덟
dieciocho

19
열아홉
diecinueve

20
스물
veinte

100
백
cien

1.000
천
mil

1.000.000
백만
millón

영어
....
inglés

미국식 영어
....
inglés americano

중국어 만다린
....
chino mandarín

힌두어
....
hindi

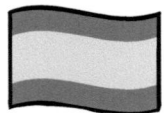

스페인어
....
español

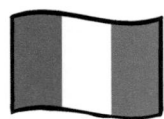

프랑스어
....
francés

아랍어
....
árabe

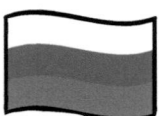

러시아어
....
ruso

포르투갈어
....
portugués

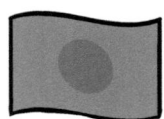

불가리아어
....
bengalí

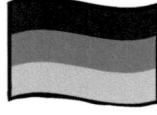

독일어
....
alemán

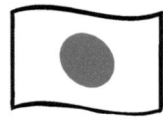

일본어
....
japonés

나

yo

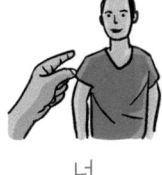

너

vos

그 / 그녀/ 그것

él / ella

우리

nosotros

너희들

ustedes

그들

ellos

누가?

¿quién?

무엇이?

¿qué?

어떻게?

¿cómo?

어디서?

¿dónde?

언제?

¿cuándo?

이름

nombre

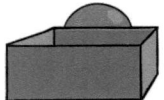

뒤에

detrás

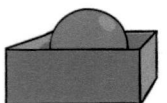

안에

en

앞에

adelante de

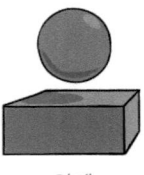

위에

por encima de

위에

sobre

아래에

debajo de

옆에

al lado de

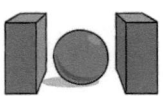

사이에

entre

장소

lugar